D1727515

# Chef, Sie haben ein Super-Team!

Endlich mehr Anerkennung im Job

# Chef,
## Sie haben ein Super-Team!

Endlich mehr Anerkennung im Job

Bibliografische Information der Deutschen Nationalbibliothek

Die Deutsche Nationalbibliothek verzeichnet diese Publikation in der Deutschen Nationalbibliografie; detaillierte bibliografische Daten sind im Internet über http://dnb.d-nb.de abrufbar.

*Für meinen Vater. Ich finde, er hat ein Super-Team.*

*Und für alle, denen es gut tut.*

Impressum

© 2009 Anne Katrin Matyssek

Herstellung und Verlag: Books on Demand GmbH, Norderstedt

ISBN: 978-3-8391-1233-5

# Inhaltsverzeichnis

**Dieses nette Buch gehört erfreulicherweise:**

.......................................................

# Gratulation!!!

Das haben Sie guuut gemacht!!! Nur gute Chefs bekommen dieses Büchlein geschenkt, wussten Sie das? Bei den anderen hüllen sich die Team-Mitglieder in Schweigen und schenken lieber Pralinen.

Vielleicht haben Sie es sich sogar selber gekauft – als Motivationsspritze? So oder so: Sie scheinen eine/r von den Guten zu sein.

## Das ist prima!

Dieses Buch ist ein Geschenk von allen für alle – denn letztlich profitieren Sie als Führungskraft genauso davon wie die Mitglieder Ihres Team: Leistung, Stimmung und Gesundheit kommen ins Lot.

Der Hintergrund ist: In allen mir bekannten Firmen und Branchen und auf jeder Hierarchiestufe hört man dieselben Klagen. Die Menschen wünschen sich mehr Lob.

Ich behaupte: Noch lieber hätten sie Wertschätzung für sich als Person, aber Lob für gute Leistungen sind schon einmal ein Anfang. Dieses Büchlein möchte Ihnen und Ihrem Team die ersten Schritte auf dem Weg zu mehr Wertschätzung erleichtern.

Viel Spaß, Erfolg und Anerkennung wünscht Ihnen von Herzen

Ihre Anne Katrin Matyssek

# Für unseren Lieblingschef

(ein Schuft, wer jetzt denkt: „Wir haben ja eh nur den einen")

Hallo Chef,

was wir Ihnen immer schon mal sagen wollten … Hier steht's nun geschrieben. Wir haben das delegiert – Sie wissen schon: mit eigenen Worten ist es oft schwieriger, so etwas auszudrücken.

Jedenfalls, im Grunde sind wir ziemlich zufrieden mit Ihnen. Es hätte uns deutlich schlimmer treffen können.

Und Sie aber auch!

Stellen Sie sich doch mal vor, Sie hätten das Team von (… beliebigen Namen einsetzen …) erwischt! Dann kämen Sie aber morgens nicht so gut gelaunt rein! Um es noch ein bisschen klarer zu sagen:

**„Sie haben ein Super-Team!"**

Wir sind stolz auf Sie, dass Sie so eine tolle Truppe haben!

Das einnnnnzige, wovon es vielllleiiiiicht ab und zu ein bisschen mehr sein dürfte, damit alles so prima bleibt, ist: Anerkennung. Aber durch die gemeinsame Lektüre dieses Buches wird sich das bestimmt deutlich zum Positiven verändern.

Und Sie und wir werden sagen:

**„Das ham we gut gemacht!"**

Nur Super–Chefs

haben Super–Teams

(verdient) …

„Wer Wertschätzung will, soll sich einen Hund kaufen",

sagt Gordon Gecko in „Wall Street". Er geht am Ende selber vor die Hunde – kein Wunder: hat er doch ein fundamentales Bedürfnis von Menschen mit dieser Aussage missachtet.

Menschen brauchen das Gefühl, gesehen zu werden
– als Leistungserbringer, aber eben auch als Mensch.
Mit Ecken und Kanten.

**Dann fühlen sie sich wohl.**

Echte, authentische Anerkennung motiviert.
Sie sorgt dafür, dass Menschen sich richtig reinhängen, auch mal übers Normalmaß hinaus.

**Dann stimmt die Stimmung, aber auch die Leistung.**

Bekommen Sie so viel Anerkennung, wie Sie verdienen?
Tatsächlich bescheinigt nur jeder Zweite seinem Vorgesetzten einen wertschätzenden Führungsstil. Und das hat negative Folgen: für Stimmung, Motivation und Gesundheit.

Leider gibt es keinen „Knopf für mehr Wertschätzung", aber über die gedankliche Auseinandersetzung mit den eigenen Anerkennungsbedürfnissen kann der Boden für ein wertschätzendes Miteinander geschaffen werden.

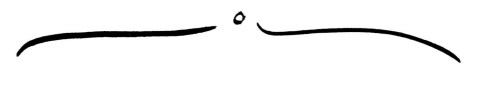

Ohne Wertschätzung

gehen Menschen ein

wie eine Primel.

Lob lässt lächeln

– Sie und andere!

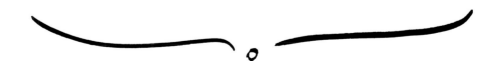

# Mit Emotion, bitte!

„Corinna, das hast du gut gemacht!"
sagt der Vorgesetzte zur Mitarbeiterin.

Daraufhin sie aufgebracht:

„JA, MENSCH, dann kannst du mich doch auch mal LOOOBEN!"

Was ist hier schief gelaufen? Der Vorgesetzte hat doch gedacht, er habe sie mit eben jenem Satz gelobt. Offenbar ist seine Äußerung bei der Mitarbeiterin aber anders angekommen.

Viele Chefs sind der Meinung, dass sie eigentlich genug Anerkennung geben. Und wundern sich, dass Mitarbeiterinnen und Mitarbeiter (offenbar nimmersatt) klagen, es sei zu wenig.

Ein Grund liegt oft in der fehlenden Emotion.

Ein „Ja, das haben Sie nicht schlecht gemacht"
mit Grabesstimme ist kein Lob. Für echte Anerkennung gilt:

## Bitte keine Verneinung und kein Pokerface!

Sätze mit Verneinungen sind grundsätzlich schwach. Nehmen Sie ein Beispiel aus dem Privatleben: „Es stimmt nicht, dass ich dich nicht liebe" oder „Das ist doch selbstverständlich, dass ich dich liebe" – diese Aussage wird wohl kaum für Lächeln oder mehr sorgen. Wertschätzung unbedingt emotional positiv formulieren!

Wertschätzung

macht

wertvoll.

# Unser Wunschzettel

(nicht nur) zu Weihnachten

In Mitarbeiterbefragungen klagen die Leute immer über fehlendes oder zu wenig Lob. Manchmal fehlt es Führungskräften (und Beschäftigten) einfach nur an Formulierungen und nicht am guten Willen. Hilfreich sind Sätze, die Sie selber vermutlich auch gern öfter hören würden, wie z.B.:

- Gut, dass Sie kommen! Sie kommen gerade recht!

- Es ist schön, Sie im Team zu haben!

- Herzlichen Glückwunsch zum Geburtstag, Herr … / Frau …!

- Das spricht für Ihre Professionalität!

- Gute Leistung ist nicht selbstverständlich!

- Kompliment für Ihre Zuverlässigkeit!

- Vielen Dank!

- Das Argument spricht für Ihre …

- Sie sind ja schon lange in dem Geschäft – was ist Ihre Meinung zu …?

- Danke, dass Sie das so schnell erledigt haben!

# Was ich immer schon mal sagen wollte:

Ich schätze an unserem Team besonders, dass …

…....………………………………………………………………………….……

Ich schätze an unserer Führungskraft besonders, dass …

…....………………………………………………………………………..……

Wir können stolz darauf sein, dass …

…....…………………………………………………………………..…………

Wenn ich morgens mit guter Laune herkomme, liegt das an …

…....………………………………………………………………..……………

Ich arbeite v.a. dann gern mit Ihnen / Euch zusammen, wenn …

…....……………………………………………………………….……………

Wer nicht sagt, was ihm/ ihr gefällt, läuft Gefahr, dass es bald anders wird.

# Warme Worte schon VOR der Kündigung

Wann hören Menschen, dass sie einen guten Job gemacht haben und dass man gern mit ihnen zusammen gearbeitet hat?

Häufig erst dann, wenn sie gekündigt haben.

Und dann ist es natürlich schon zu spät. Viele äußern auf ihrer Abschiedsfeier leise zu Kollegen: „Hätte er das mal früher schon gesagt, dann hätte ich auch nicht gekündigt."

Also keine Angst vor Schleimverdacht: Wer anerkennende Worte ausspricht und sein Lob begründet („Prima, dass Sie mir so früh Bescheid gegeben haben – dadurch kann ich den Vorgang noch innerhalb der vorgegebenen Frist fertig stellen und wir machen alle zusammen einen professionellen Eindruck"),
der wirkt auch authentisch, denn er IST es in dem Moment.

Einsteigervariante für die, die sich dennoch nicht trauen: Delegieren Sie das Lob ans Gegenüber! Fragen Sie, wie der andere selber zufrieden ist hinsichtlich der Erledigung des Vorgangs XY. Und wenn dann ein „nicht schlecht" kommt, bestätigen Sie einfach lächelnd diese Einschätzung: „Ja, genau, ich fand es auch prima."

Und damit haben Sie („schleimfrei") eigentlich nur bestätigt, was die/ der andere selber schon gesagt hat ...

Wer lächelt, erhält mehr Anerkennung als Menschen mit einem Pokerface.

# Teamcheck: „Wie gehen wir miteinander um?"

| Nr | Frage | ja | eher ja | eher nein | nein |
|----|-------|-----|---------|-----------|------|
| | *Aus Gründen der sprachlichen Vereinfachung wurde in diesem Fragebogen ausschließlich die männliche Form gewählt. Selbstverständlich gilt der Fragebogen auch für weibliche Personen.* | | | | |
| 1 | Wenn wir feiern, machen fast immer alle mit. | +2 | +1 | -1 | -2 |
| 2 | „Bitte" und „Danke" sind bei uns selbstverständlich. | +2 | +1 | -1 | -2 |
| 3 | Wir begrüßen uns morgens mit einem Lächeln. | +2 | +1 | -1 | -2 |
| 4 | Bei uns herrscht manchmal eine Ellenbogen-Mentalität. | -2 | -1 | +1 | +2 |
| 5 | Wir haben selten Lobesworte für Kollegen untereinander. | -2 | -1 | +1 | +2 |
| 6 | Bei uns wird ab und zu auch der Teamleiter gelobt. | +2 | +1 | -1 | -2 |
| 7 | Wenn ich in der Freizeit über die Firma erzähle, spreche ich zu 90% (ehrlich sein!) Positives über die Kollegen. | +2 | +1 | -1 | -2 |
| 8 | Wir helfen uns gegenseitig, wenn Not am Mann ist. | +2 | +1 | -1 | -2 |
| 9 | Der Teamleiter hat besondere Lieblinge im Team. | -2 | -1 | +1 | +2 |
| 10 | Ich fühle mich in alle für mich wichtigen Dinge gut einbezogen. | +2 | +1 | -1 | -2 |
| 11 | Wenn etwas schief läuft, wird immer gleich ein Schuldiger gesucht, statt über die zugrunde liegenden Ursachen für die Probleme nachzudenken. | -2 | -1 | +1 | +2 |
| 12 | Bei uns wird auch schon mal vor versammelter Mannschaft kritisiert. | -2 | -1 | +1 | +2 |
| 13 | Wer Feierabend hat, verabschiedet sich von den anderen. | +2 | +1 | -1 | -2 |

| 14 | Bei uns werden manchmal absichtlich Informationen nicht weitergegeben. | -2 | -1 | +1 | +2 |
|---|---|---|---|---|---|
| 15 | Ich fühle mich als Arbeitskraft von den anderen wertgeschätzt. | +2 | +1 | -1 | -2 |
| 16 | Ich fühle mich als Person von den anderen wertgeschätzt. | +2 | +1 | -1 | -2 |
| 17 | Wir haben Leute im Team, die richtig schlechte Laune verbreiten. | -2 | -1 | +1 | +2 |
| 18 | Einige scheinen wenig von anderen Kollegen zu halten, was sie z.B. mit geringschätzigen Blicken, Äußerungen oder zweideutigen Anspielungen deutlich machen. | -2 | -1 | +1 | +2 |
| 19 | Bei uns darf jeder seine kleinen Macken haben. | +2 | +1 | -1 | -2 |
| 20 | Wir muntern uns gegenseitig auf. | +2 | +1 | -1 | -2 |
| 21 | Wenn jemand unangenehm riecht, wird/ würde er nicht offen darauf angesprochen (stattdessen bekommt er Deo zu Weihnachten etc.). | -2 | -1 | +1 | +2 |
| 22 | Die meisten im Team interessieren sich nicht das Privatleben der anderen. | -2 | -1 | +1 | +2 |
| 23 | Zu Geburtstagen wird bei uns gratuliert. | +2 | +1 | -1 | -2 |
| 24 | Unsere Sozialräume sind schon mal „versifft". | -2 | -1 | +1 | +2 |
| 25 | Unsere WC-/ Waschräume sind hygienisch nicht einwandfrei. | -2 | -1 | +1 | +2 |
| 26 | Wir haben jemanden im Team, der sich „für sich" hält. | -2 | -1 | +1 | +2 |
| 27 | Der Umgangston leidet manchmal in unserem Team. | -2 | -1 | +1 | +2 |
| 28 | Ich traue mich, bei besonderen Erfolgen den anderen davon zu erzählen. | +2 | +1 | -1 | -2 |

| Nr. | Frage | ja | eher ja | eher nein | nein |
|---|---|---|---|---|---|
| 29 | Unser Team spaltet sich häufig in feste Koalitionen. Die Grüppchen untereinander tauschen sich kaum aus. | -2 | -1 | +1 | +2 |
| 30 | Bei uns wird unter Kollegen mehr über negative Leistungen als über positive gesprochen. | -2 | -1 | +1 | +2 |
| 31 | Wenn wir als Team einen Erfolg zu verbuchen haben, freuen wir uns gemeinsam. | +2 | +1 | -1 | -2 |
| 32 | Um Hilfe nachzufragen, wird als Schwäche angesehen. | -2 | -1 | +1 | +2 |
| 33 | Wenn jemand länger krank ist (> 10 Tage), haben wir Kontakt zu ihm (Karten schreiben, Anrufen etc., außer es wurde explizit das Gegenteil gewünscht). | +2 | +1 | -1 | -2 |
| 34 | Tuscheleien gehören bei uns zur Tagesordnung. | -2 | -1 | +1 | +2 |
| 35 | Die anderen wissen, worauf ich stolz bin. | +2 | +1 | -1 | -2 |
| 36 | Ich weiß bei jedem Teamkollegen, wo seine Stärke liegt. | +2 | +1 | -1 | -2 |
| 37 | Wenn es einem Kollegen schlecht geht, springen die anderen ein (Dienste tauschen etc.). | +2 | +1 | -1 | -2 |
| 38 | Intrigen und Neid sind bei uns sehr verbreitet. | -2 | -1 | +1 | +2 |
| 39 | Als Neuer hat man es bei uns nicht leicht, sich einzugliedern und akzeptiert zu werden. | -2 | -1 | +1 | +2 |
| 40 | Wir haben immer ein offenes Ohr für einander – auch wenn es um Privates geht. | +2 | +1 | -1 | -2 |

*Addieren Sie die Punkte bei folgenden Fragen: 2, 3, 13, 21, 23, 24, 25, 27, 33, 34*

*Summenwert in der Dimension **Respekt vs. Missachtung*** = _____

*Addieren Sie die Punkte bei folgenden Fragen: 4, 7, 8, 14, 17, 20, 22, 28, 32, 37*

*Summenwert in der Dimension **Unterstützung vs. Einzelkämpfertum*** = _____

*Addieren Sie die Punkte bei folgenden Fragen: 1, 9, 10, 19, 26, 29, 31, 36, 38, 39*

*Summenwert in der Dimension **Zusammenhalt vs. Ausgrenzung*** = _____

*Addieren Sie die Punkte bei folgenden Fragen: 5, 6, 11, 12, 15, 16, 18, 30, 35, 40*

*Summenwert in der Dimension **Wertschätzung vs. Ablehnung*** = _____

Tragen Sie die Summenwerte der 4 Dimensionen als Balken ins Profil ein: Bei Extremwerten verwenden Sie bitte die untere Skaleneinteilung: Max. +20, Min. −20; bei „homogeneren Werten" [Max. +10, Min. −1] die obere!

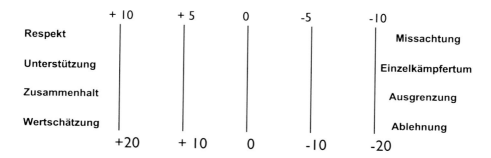

Team-Werte ermitteln: Addieren Sie die Werte über alle (anonym) ausgefüllten Dimensionen - und Sie sehen, wo das Team insgesamt seine Stärken sieht!

Pessimisten küsst man nicht. Optimismus kann man lernen.

Martin Seligman

# Positive Stimmung

Menschen mit positiver Stimmung wirken ansteckend.
Man spricht auch von emotionaler Resonanz, über die auch jede
Führungskraft verfügen sollte:

**Wie ein Virus springt die Stimmung über.**

Im Idealfall stecken Sie einander natürlich mit positiver Stimmung
an. Aber notfalls eben auch mal mit schlechter Laune.

Hauptsache, Sie verzichten aufs Pokerface.

Menschen wollen wissen, woran sie beim anderen sind. Deshalb
schauen sie z.B. morgens als Erstes ins Gesicht der Führungskraft
oder erkundigen sich bei Kollegen:
„Und, wie ist er / sie heute drauf?"

Wer sich undurchschaubar macht, verunsichert sein Gegenüber.
Unsicherheit wirkt auch wie ein Virus: Sie steckt an. Verunsicherte
Menschen können nicht gut verkaufen, sind nicht überzeugend im
Kundenkontakt, sind abgelenkt bei der Arbeit.

Also, machen Sie es Ihrem Gegenüber leicht: Lassen Sie zu, dass
man in Ihrem Gesicht lesen kann! Und achten Sie auf Ihre
Stimmung, statt sich hängen zu lassen.

**Oft hilft es schon, wenn man die Wirbelsäule aufrichtet.**
Und lächelt. Das setzt tatsächlich Endorphine frei …

Jedes Lächeln ist Ausdruck von Wertschätzung.

# Blickkontakt erwünscht!

Authentische Anerkennung setzt voraus, dass man zuvor genau hingeschaut hat: Wer hat welche Leistung erbracht, und was bedeutet diese Leistung für denjenigen?

Man muss sich kennen, um echte Wertschätzung für die Person oder ein gutes Lob für die Leistung spenden zu können.

Das ist schwierig, zum Beispiel beim Führen auf Distanz.

Pflegen Sie Blickkontakt und zeigen Sie echtes Interesse, indem Sie häufig und ungezwungen in Kontakt gehen,
sofern es Ihre Arbeit erlaubt – natürlich ohne Aufdringlichkeit!

Dann wird Ihnen auch auffallen, ob sich Ihr Gegenüber verändert:

- Körperhaltung, Aussehen, Gepflegtheit, Körperspannung

- Konzentrationsfehler, Zynismus, Gereiztheit

- Rückzug, Risikoverhalten etc.

Sprechen Sie an, wenn Ihnen Änderungen aufgefallen sind („Das und das ist mir aufgefallen, das kenne ich gar nicht von Ihnen, was ist los?")! Auch wenn Sie nur ein „nix" ernten, ist Ihr Signal von fürsorglichem Interesse bestimmt beim anderen angekommen.

Streicheleinheit
für die Seele:
„Gut,
dass Sie da sind!"

# Strichliste

Schärfen Sie doch einmal Ihren Blick für anerkennende Worte!
Führen Sie die folgende Strichliste für mindestens 3 Wochen!
Die Häufigkeit wird zunehmen, garantiert!

| Tag der Woche: | Anerkennende Äußerungen: |
|---|---|
|  |  |

Niemand weiß von selbst, dass es gut ist, dass es ihn gibt.

# Leitfaden für mehr Wertschätzung im Team

- Seien Sie großzügig mit Anerkennung sich selbst gegenüber! Das ist der erste unverzichtbare Schritt für mehr Lob und Wertschätzung auch im Team. Und es ist ein Schritt, der Spaß macht ...

- Achten Sie – allein und gemeinsam (z.B. zum Start einer jeden Teambesprechung) – bewusst aufs Positive. Auf das, worauf Ihr Team stolz sein kann. Auf seine Stärken und Erfolge in der Vergangenheit.

- Hören Sie jeden Montag Morgen die Podcast-Pause: 5 Minuten lang Hör-Impulse für mehr Wertschätzung im Team, die Sie beschwingt in die Woche starten lassen (kostenlos unter: www.podcast-pause.de).

- Seien Sie großzügig mit anerkennenden Worten a) für Leistungen von einzelnen und dem Team („war eine harte Woche, das Wochenende haben wir uns verdient") und b) für den Menschen im anderen, also mit Wertschätzung.

Je mehr wir in
einander investieren,
desto wertvoller wer–
den wir für einander.

# CareCard für Chefs und Chefinnen

Ich als Führungskraft weiß:

- Ohne meine Leute bin ich nichts.
- Daher sehe ich mich als Dienstleister für mein Team.
- Ich glaube an das Gute im Gegenüber.
- Mir ist wichtig, dass sich alle wohl fühlen.
- Das fängt bei mir selber an: Ich darf mich wohl fühlen.

do care!

# CareCard für Mitarbeiter und Mitarbeiterinnen

Ich als Mitarbeiter/in weiß:

- Es ist sinnvoll, dass einer für uns den Kopf hinhält.
- Unsere Führungskraft hat es auch nicht immer leicht.
- Ich glaube an das Gute in meiner Führungskraft.
- Mir ist wichtig, dass sich alle (wir + Chef) wohl fühlen.
- Das fängt bei mir selber an: Ich darf mich wohl fühlen.

do care!

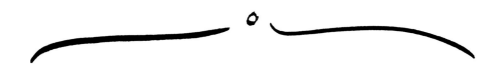

Was ist „gute Arbeit"?

„von meinem Vorge-
setzten als Mensch
gesehen werden"

INQA-Studie 2006

# Was ist gute Arbeit?

Die Initiative Gute Qualität der Arbeit INQA befragte 5000 repräsentativ ausgewählte Deutsche nach ihrer Einschätzung, was für sie „gute Arbeit" ausmache.

Schon an vierter Stelle des Kriterien-Katalogs folgte die Antwort „von meinem Vorgesetzten als Mensch wahrgenommen werden". Leider fühlte sich nur jede/r Zweite von der eigenen Führungskraft tatsächlich wertgeschätzt.

Es ist nicht nur das Geld, das Menschen befriedigt.
Das Geld nehmen viele nur deshalb, weil sie keine Wertschätzung bekommen .... Wenn Menschen ein Unternehmen verlassen, dann in der Regel nicht wegen des niedrigen Gehalts, sondern die meisten verlassen ihren Vorgesetzten.

Das Betriebsklima ist für die meisten wichtiger als das Gehalt. Führungskräfte, die das nicht glauben (die denken, ihre Leute würden allein durch Geld motiviert), haben in ihrem Team oft genau solche Menschen, die sich nur durch Geld motivieren lassen.

Wie (wenig) motiviert diese Team-Mitglieder sind, liegt auf der Hand.

**Gute Arbeit ist eine Arbeit, die nicht nur sicher (und angemessen bezahlt) ist, sondern auch Anerkennung bringt.**

Lob ist keine

Einbahnstraße.

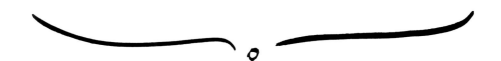

# Mut zum Lob für den Chef

Viele Führungskräfte sagen frustriert: „Ich selber bekomme ja auch keine Anerkennung, weder von meinem Chef noch von meinem Team – wieso also sollte ich meinerseits loben?!

Darauf sollte sich natürlich niemand ausruhen.

Aber es spricht nichts dagegen, dass Mitarbeiterinnen und Mitarbeiter auch mal anerkennende Wort für ihre Führungskraft finden, oder?

Wenn Sie jetzt nicken, sollten Sie mal auf Suche gehen nach Zeichen von Anerkennung (egal ob Lob für Leistung oder Wertschätzung der Person) für den Chef / die Chefin.

Auch Mitarbeiterinnen und Mitarbeiter wollen sich keinem Schleimverdacht aussetzen

**(Sie sitzen also alle im selben Boot …)**

- und daher empfiehlt es sich, auch das Lob für die Führungskraft gut zu begründen. Erinnern Sie an Erfolge in der Vergangenheit!

Kokettieren Sie mit dem Satz „Sie haben ein Super-Team!" – das lässt Ihr Gegenüber lächeln, ganz sicher.

**Und eine Führungskraft, die sich anerkannt fühlt, ist ihrerseits großzügiger mit Lob und Anerkennung!**

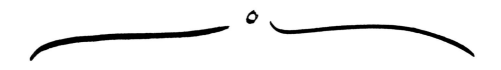

# Wertschätzungs-
mangel
macht Herzinfarkt.

(etwas) frei nach Professor Siegrist
und seinen Forschungen zur Gratifikationskrise

# Anerkennung macht gesund!

Inzwischen gibt es etliche Studien, die belegen:

## Anerkennung ist ein Gesundheitsfaktor.

Wer das Gefühl hat, dass er sich verausgabt und wenig dafür zurück bekommt (nicht unbedingt Geld, auch Aufstiegsmöglichkeiten, Image etc.), der hat langfristig ein höheres Risiko für Herz-Kreislauf-Erkrankungen, so Professor Siegrist.

Andere Studien zeigen, dass Wertschätzung als Belastungspuffer fungiert – man fühlt sich dem Stress stärker gewachsen, wenn man weiß, dass andere einen schätzen und anerkennen.

Man fühlt sich stolz, Glückshormone werden ausgeschüttet und das sogenannte Vertrauenshormon Oxytozin. Der Blutdruck und die Muskelspannung können sinken.

Das Leistungsvermögen steigt dadurch, und natürlich auch die Leistungsbereitschaft. Das Wohlbefinden wird gestärkt, ebenso das Selbstvertrauen. Man traut sich auch neue Herausforderungen leichter zu – wichtig besonders in Zeiten von Umstrukturierungen.

Und nicht zuletzt kommen Menschen auch bei leichten Befindensbeeinträchtigungen, z.B. nach einer durchzechten Nacht, lieber an den Arbeitsplatz, wenn sie wissen, dass man sie dort braucht und mag und sie wichtig sind.

Wertschätzung ist
wie Feuer: Sie ver-
mehrt sich, indem
wir sie weitergeben.

# Wenn einer alleine träumt ...

Kennen Sie das Lied?

„Wenn einer alleine träumt, ist es nur ein Traum. Wenn viele gemeinsam träumen, dann ist das der Beginn einer neuen Zeit."

## Eine/r muss den Anfang machen.

Das gilt auch für eine Kultur der Wertschätzung
in Betrieben und Verwaltungen.
Stellen Sie sich darum bitte nicht auf den Standpunkt „sollen die erstmal" oder „solange der oberste Boss nicht ..."

– dann wird das nie was.

Wagen Sie den ersten mutigen Schritt. Sorgen Sie für ein gutes Fundament durch ausreichend Selbstlob. Starten Sie mit einem Lächeln, machen Sie dann vielleicht ein Kompliment für ein neues Kleidungsstück, bedanken Sie sich im nächsten Schritt für eine Leistung von Kollegen oder Kolleginnen, seien Sie mutig auch mit Lächeln und anerkennenden Worten gegenüber Ihrer eigenen Führungskraft.

Stellen Sie sich vor:

## Sie sind ein Stern, der andere zum Strahlen bringt.

Lachen Sie jetzt nicht! Manchen hilft diese Vorstellung.

## Jede Jeck is anders

Die Schnecke … ist zu …

Der Jaguar … ist zu …

Der Elefant … ist zu …

Die Mücke … ist zu …

Der Maulwurf … ist zu …

Der Schmetterling … ist zu …

Ein Mensch wirkt plötzlich ganz ver-
wandelt, wird er erstmal als Mensch
behandelt.

Eugen Roth

# Eigene Ideen

Was wollen Sie als Team(-Mitglied) des Super-Teams unternehmen für mehr Wertschätzung?

..................................................................

..................................................................

..................................................................

..................................................................

..................................................................

..................................................................

Wer großzügig sein möchte mit An-erkennung, darf bei sich selbst beginnen.

# Eigenlob stimmt!

Das ist nicht nur der Titel eines netten Buchs von
Sabine Asgodom, sondern auch eine wunderbare Empfehlung
gerade für diejenigen, die eher selbstkritisch sind und aus ihrer
Kindheit nur den anderen Spruch kennen („Eigenlob stinkt").

Fürchten Sie nicht, dieser Tipp könnte nach hinten losgehen und
Überheblichkeit könnte sich einstellen – in der Praxis sind die
meisten Menschen von Grund auf bescheiden.

Und für die anderen gilt: Wer angibt, hat's nötig.

Auch hinter dem dicksten Dienstwagen steckt nur der Wunsch
nach Wertschätzung – indem man sich und anderen zeigt:
„Sieh mal, so viel bin ich wert!" ...

## Seien Sie also ruhig großzügig mit Selbstlob.

Ich bin sicher, Sie haben es verdient. Und Sie werden umso
großzügiger auch hinsichtlich der Anerkennung anderer.
Wer sich reicht (beschenkt) fühlt, gibt auch gern.

Abgesehen davon verbessert Selbstlob die Stimmung – und das tut
wiederum allen gut. Als Einstiegsvariante können Sie sich beim
Feierabend-Machen innerlich auf die Schulter klopfen und denken:

## „Das hab' ich mir verdient!"

# URKUNDE

für den besten Chef / die beste Chefin von allen:

...................................................................................

Unsere Führungskraft erhält diese Auszeichnung für folgende
besondere Verdienste:

...................................................................................

Das bestätigen hocherfreut und gut gelaunt mit ihrer Unterschrift:

(hier ist weiterer Platz für Unterschriften, falls Sie zu einer so großen Abteilung gehören, dass nicht alle auf der Vorderseite Platz gefunden haben)

## Dr. Anne Katrin Matyssek

Jahrgang 1968, Diplom-Psychologin und approbierte Psychotherapeutin

arbeitet seit 1998 als Rednerin, Trainerin und Beraterin zu Betrieblichem Gesundheitsmanagement für Verwaltungen und Firmen der freien Wirtschaft zum Thema:

Gesundheitsgerechte Mitarbeiterführung durch Wertschätzung im Betrieb

Autorin mehrerer Bücher

Referenzen finden Sie unter: www.do-care.de

Ich freue mich, wenn Ihnen dieses Buch gefallen und geholfen hat. Falls Sie Lust haben, mir eine Rückmeldung zu geben, schicken Sie einfach eine eMail an: **info@do-care.de** Weitere Infos und Anregungen für sich persönlich finden Sie auf meiner Website: **www.do-care.de**

Dort können Sie auch gern meinen Newsletter abonnieren. Er erscheint mehrmals pro Jahr als e-Mail und enthält Videos, Audios und Lesenswertes zu jeweils einem Thema. Und es gibt 2 Podcasts: **Hör-Impulse** für mehr Wertschätzung im Betrieb (die Podcast-Pause und den Gesund-Führen-Podcast für gute Chefs).

Von Herzen alles Gute wünscht Ihnen

Ihre Anne Katrin Matyssek

## Das do care! ®-Programm
## für mehr Wertschätzung im Betrieb

Wir von „do care! ®" unterstützen Sie gern bei Ihrem Anliegen, die zwischenmenschliche Gesundheit in Ihrem Betrieb zu verbessern. Und natürlich freue ich mich, wenn Sie mich als Rednerin engagieren möchten. Informieren Sie sich einfach auf meiner Website über meine Vorträge:

**www.do-care.de**

Ich freue mich über Ihre eMail. Oder Sie würden gern ein Seminar zum Thema durchführen? Auch dann sind Sie bei mir richtig.

Für den Fall, dass Sie in Eigenregie aktiv werden möchten, habe ich mehrere Materialien entwickelt, die Ihnen eine Unterstützung liefern können:

-   die „**Bausteinbox für gesunde Kommunikation**" (Jahresbegleiter für eine wertschätzende Unternehmenskultur – 26 Motive mit Texten im praktischen Tischaufsteller) – 39,80 €
-   unterstützt wird die Box durch 26 Folgen der sogenannten „**Podcast-Pause**" – 5 Minuten für mehr Wohlbefinden im Job, jeden Montag gibt es eine neue Folge; kostenlos zu hören unter: www.podcast-pause.de
-   das „**Multiplikatoren-Programm**" für mehr Wertschätzung im Betrieb – dabei beziehen Sie Ihre Kollegen / Kolleginnen mit ein in den Prozess der Wertschätzung (Texte, Erinnerungshilfen, Audios etc.)

50

## Weitere Bücher und Angebote (Auswahl)

Meinen Online-Shop finden Sie im Internet unter www.do-care-shop.de

**Abschalten lernen in 3 Wochen.**
CD plus Begleitheft (24 Seiten, durchgehend vierfarbig)
2. Auflage Dezember 2008 (1. Aufl. Oktober 2008)
ISBN 978-3-00-026020-9
do care! 2008 – 24,95 € (D)

**Pilates für die Psyche**. Wie Sie
trotz Arbeitsbelastungen gesund bleiben.
ISBN 978-3-8370-6985-3
Paperback, 52 Seiten – € 8,99 (D)
do care!, Düsseldorf 2008

Anmerkung: Es geht nicht um Pilates,
sondern um einfache verhaltenstherapeutische
Tipps für eine starke Psyche.

**Führung und Gesundheit**. Ein praktischer Ratgeber zur
Förderung der psychosozialen Gesundheit im Betrieb.
ISBN 978-3-8391-0639-6
do care! 2009 – 22,90 € (D)

Auch die im Buch beschriebenen **CareCards** im Kredit-
kartenformat (PVC; 0,75 mm dick) können Sie bei mir
bestellen (www.do-care-shop.de).